Niwronau ac ADHD

Marielle Bayliss

Lluniau gan Kellyanne Thorne

GRAFFEG

Helô, fi yw Ffion y niwron!

Gad i mi esbonio beth yw niwron ...

Pen yn cosi?
Rhaid crafu!!

Beth yw niwron?

Mae niwronau'n bwysig ar gyfer
popeth mae dy gorff yn ei wneud.
Dy ben yn cosi?
Helpwn ni di i'w grafu!

Wedi diflasu? Wnawn ni dy helpu i freuddwydio.

Does dim yn digwydd heb i ni wybod amdano!

O'r Oerfel i'r Ymennydd!

Ry'n ni'n ymateb i deimladau, fel tymheredd, ac yn anfon negeseuon i dy ymennydd.

Brrrr
rrrrrr

Wedi anghofio dy gôt?
Cer i'r bocs eiddo coll!
Dechreua grynu!!!

Yna mae'r ymennydd yn anfon gorchymyn i'r corff i ddweud wrtho beth i'w wneud.

Am syniad gwych!
Mae crynu yn cynhesu'r corff.

Ond dwi ddim yn hoffi golwg
yr hen siwmperi budr 'na.

Pencampwyr
Pêl-rwyd
1992
Cit Campau Hynafol

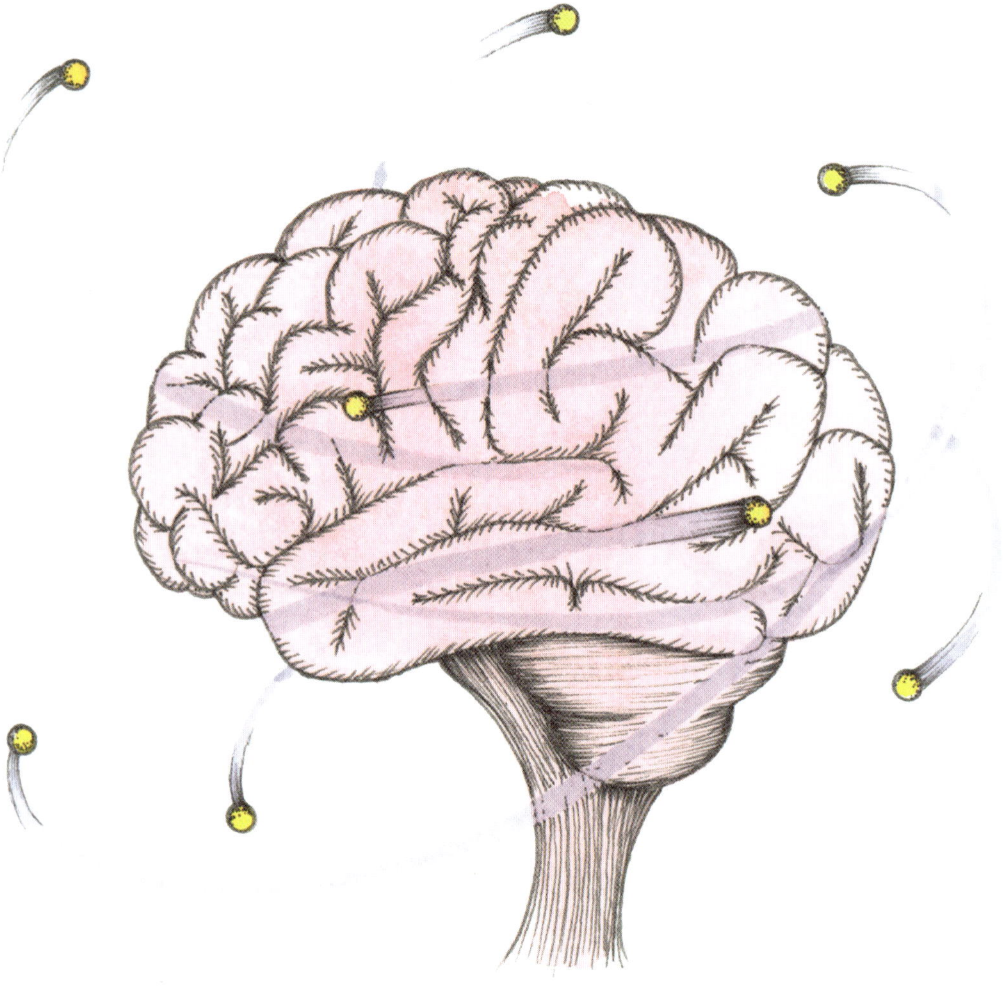

Mae dy ymennydd yn rheoli popeth mae dy gorff yn ei wneud. Mae'n gwneud penderfyniadau yn seiliedig ar y negeseuon ry'n ni'n eu hanfon ato.

Fel y gweli ...

... mae pethau'n digwydd ...

... yn gyflym fan hyn.

ADRODDIAD I'R YMENNYDD! AMSER AROS: 2 MILI-EILIAD

Ciwio, hyd yn oed!

Dere i ni wibio i lawr llinyn asgwrn y cefn! Dyna'r brif ffordd mae niwronau'n teithio.

Llinyn asgwrn y cefn ffordd yma.
Www-hww!

Ciwiwch
yma

A hoffai'r ymennydd
gael sgarff?

Ydi'r ymennydd yn hoffi jôcs?

Ga i fownsio ar yr ymennydd fel trampolîn?
NA, YN BENDANT!

Ydw i'n gofyn gormod o gwestiynau?

Mae gofyn cwestiynau'n beth da ... ac aros am atebion. Mae ymennydd pawb wedi ei weirio'n wahanol; mae rhai pobl yn delio ag un peth ar y tro ac yn ei orffen cyn symud ymlaen.

Sut wyt ti?
Beth yw dy enw?
Gawn ni fod yn ffrindiau?
Ga i snac?
Ga i chwarae?
Hoffet ti chwarae gêm?
Beth yw dy hoff liw?

Mae rhai pobl wrth eu bodd yn trio pethau newydd ar unwaith ac yn gwneud sawl peth ar yr un pryd.

Ac mae rhai yn hoffi deall pethau newydd yn gyntaf.

Llwybrau niwronau

Yn dy ymennydd mae sawl rhwydwaith o niwronau, fel ffyrdd. Mae niwronau'n anfon gwybodaeth ar hyd y ffyrdd hyn. Mae fel trio dal pêl ond gyda negeseuon.

Os oes gan rywun ADHD, gall y niwronau gael trafferth i ddal rhai o'r peli, felly mae'r wybodaeth yn cymryd mwy o amser i ddod drwodd.

BYDD YN DAWEL
MEDDYLIA
ARHOSA
CYNLLUNIA
CYSGA
YMLACIA
CANOLBWYNTIA
GWRANDA
TREFNA

Mae hyn yn golygu bod yr ymennydd yn cymryd mwy o amser i dawelu ac arafu, hyd yn oed pan mae wedi blino.

Neu i ganolbwyntio ar un dasg ar y tro.

Mae gan Mei ADHD.

ADHD

Anhwylder diffyg canolbwyntio a gorfywiogrwydd yw ADHD ond does dim rhaid meddwl amdano fel anhwylder, nac fel diffyg o ran canolbwyntio. Mae ymennydd pobl sydd ag ADHD yn gweithio mewn ffordd ychydig yn wahanol. Gall hyn effeithio ar eu hemosiynau, eu gallu i ganolbwyntio a'r ffordd maen nhw'n ymddwyn.

Weithiau, gall ADHD helpu.
A dweud y gwir, gall pobl sydd ag ADHD sylwi ar bethau y mae pobl eraill yn eu colli.

Ond weithiau dyw ADHD ddim yn helpu.

Mae ADHD yn wahanol i bawb.
Mae rhai:

- Yn dechrau tasg ond yn methu ei gorffen.
- Yn gweld sefyll ac aros yn anodd.
- Yn gofyn llawer o gwestiynau.
- Yn gweld cynllunio yn anodd.
- Yn gwneud pethau heb feddwl.
- Yn gweld aros mewn ciw yn anodd.
- Yn osgoi rhoi trefn ar eu pethau.
- Yn ei gweld hi'n anodd ymlacio.

AMIRA
MEI
ERIK
HARRY

Ond gall ADHD helpu pobl mewn rhai ffyrdd:

- Wrth wynebu sefyllfaoedd newydd.
- Gwneud sawl tasg yr un pryd.
- Yn hawdd gwneud ffrindiau.
- Hawdd canolbwyntio'n llwyr.
- Gorffen tasgau'n gyflym wrth ganolbwyntio.
- Bod yn frwd am eu diddordebau.
- Sylwi ar bethau y mae pobl eraill yn eu colli.
- Gofyn llawer o gwestiynau.

Mae ADHD yn gallu teimlo fel cael llond pen o swigod llawn cyffro sy'n rhaid eu popio. Weithiau mae eu popio'n hwyl.

Ond weithiau mae'n ormod.

Gall y swigod hyn wneud i bobl deimlo'n rhwystredig, yn ofidus neu'n aflonydd.

Gall y syniad o fynd amdani fod yn braf, ond weithiau mae'n ddefnyddiol iawn i gynllunio!

Cynllun gweithredu Mei:

- Anelu at nod sy'n gyraeddadwy.
- Trefnu gwneud tasgau syml a chamau i'w cwblhau.
- Os nad ydw i'n gorffen tasg, galla i fynd yn ôl ati'n hwyrach.
- Bod yn falch ohonof fy hun am orffen tasg.
- Bod yn garedig wrthyf fi fy hun; alla i ddim gwneud popeth.

- Cadw'n iach a bwyta prydau rheolaidd, digon o ddŵr a chwsg.
- Cael digon o gyfnodau o seibiant.
- Sylwi pan dwi'n teimlo'n bryderus.
- Defnyddio cryfderau ADHD wrth ddysgu a chwarae.
- Newid amcanion a phatrymau dyddiol fel nad y'n nhw'n mynd yn ddiflas.

Dathla mai ti wyt ti!

Mae ADHD fel patrwm – dyna'r ffordd mae ambell ymennydd yn gweithio, ac NID yw'n anhwylder.

Mae ymennydd pob un ohonom yn unigryw, ac ry'n ni'n gwneud pethau yn ein ffordd ni'n hunain.

LLITHREN
DROELLOG Y
NIWRONAU

Niwronau ac ADHD

Cyhoeddwyd yn wreiddiol dan y teitl *Neurons and ADHD* yn 2025 gan Graffeg Cyf.

ISBN 9781805950974

Graffeg Cyf., 15 Cwrt Neptune, Ffordd Vanguard, Caerdydd CF24 5PJ, Cymru, DU. Ffôn 01554 824000. croeso@graffeg.com www.graffeg.com

Mae Marielle Bayliss drwy hyn yn cael ei chydnabod fel awdur y gwaith hwn, yn unol ag adran 77 o Ddeddf Hawlfreintiau, Dyluniadau a Phatentau 1988.

Argraffwyd gan FINIDR, s.r.o., Czechia.

Mae cofnod catalog CIP ar gyfer y llyfr hwn ar gael o'r Llyfrgell Brydeinig.

Dymuna'r cyhoeddwr gydnabod cymorth ariannol Cyngor Llyfrau Cymru, www.gwales.com.

Teitlau'r gyfres:

Niwronau ac Epilepsi
ISBN 9781805950929

Niwronau ac Awtistiaeth
ISBN 9781805950936

Niwronau a Dyspracsia (ACD)
ISBN 9781805950943

Niwronau a Dyslecsia
ISBN 9781805950950

Niwronau a Syndrom Tourette
ISBN 9781805950967

Niwronau ac ADHD
ISBN 9781805950974

Am fwy o wybodaeth sganiwch y cod QR:

Ariennir gan
Lywodraeth Cymru
Funded by
Welsh Government

CYMYSG
Papur o ffynhonnell gynaliadwy
FSC www.fsc.org
FSC® C014138